# 学ぶ人は、変えてゆく人だ。



目《め》の前《まえ》にある問題《もんだい》はもちろん、

人生《じんせい》の問《と》いや、社会《しゃかい》の課題《かだい》を自《みずか》ら見《み》つけ、

挑《いど》み続《つづ》けるために、人《ひと》は学《まな》ぶ。

「学《まな》び」で、少《すこ》しずつ世界《せかい》は変《か》えてゆける。

いつでも、どこでも、誰《だれ》でも、

学《まな》ぶことができる世《よ》の中《なか》へ。

旺文社《おうぶんしゃ》

# 本書の特長と使い方

◆本書が目指す「漢字検定（漢検）」とは、公益財団法人日本漢字能力検定協会が主催《しゅさい》する「日本漢字能力検定」のことです。

◆本書は、7日間で漢字検定4級の試験対策をする書き込み式の直前対策ドリルです。

◆過去の検定試験で実際に出題された漢字を、独自にコンピューターで分析《ぶんせき》し、よくでる問題を収録しました。出題分野ごとに頻度《ひんど》を分析しましたので、効果的な学習が可能です。頻度の高い漢字は、さまざまな分野で繰り返し収録されています。

◆1～5日目の練習ドリルは、「読み」「同音・同訓異字」「漢字の識別」「熟語の構成」「部首」「対義語・類義語」「送りがな」「四字熟語」「誤字訂正《ていせい》」「書き取り」の出題分野別に構成しています。

◆6・7日目には、本番形式の予想問題を収録しています。学習の総仕上げなので、時間をきちんと計って取り組んでください。

◆実際に書き込みながら学習することで、確実な漢字の知識が身につきます。漢字の解答は、楷書《かいしょ》体で、はねるところ、とめるところなどを、はっきりと書くように気をつけましょう。

◆4級の合格基準は正答率70％程度です。本書では、各ページに合格点のめやすを表示しました。

## もくじ




編集協力　株式会社友人社
校閲　株式会社東京出版サービスセンター
装丁・本文デザイン　前田由美子（有限会社アチワデザイン室）
装丁・本文イラスト　三木謙次

# 出題内容・出題範囲

| 内容／級 | ３級 | ４級 | ５級 |
| --- | --- | --- | --- |
| 漢字の読み | ○ | ○ | ○ |
| 筆順・画数 |  |  | ○ |
| 部首・部首名 | ○ | ○ | ○ |
| 熟語の構成 | ○ | ○ | ○ |
| 送り仮名 | ○ | ○ | ○ |
| 対義語・類義語 | ○ | ○ | ○ |
| 四字熟語 | ○ | ○ | ○ |
| 同音・同訓異字 | ○ | ○ | ○ |
| 誤字訂正 | ○ | ○ | ○ |
| 漢字の書取 | ○ | ○ | ○ |
| 対象漢字数 | 1623字（４級までの対象漢字1339字＋３級配当漢字284字）<br>※中学校で習う読みを含む　※高等学校で習う読みは含まない | 1339字（５級までの対象漢字1026字＋４級配当漢字313字）<br>※中学校で習う読みを含む　※高等学校で習う読みは含まない | 1026字（６級までの対象漢字835字＋５級配当漢字191字）<br>※中学校で習う読みは含まない |
| レベル | 中学校卒業程度 | 中学校在学程度 | 小学校６年生修了《しゅうりょう》程度 |
| 検定時間 | 60分 | 60分 | 60分 |
| 検定料 | 3500円 | 3500円 | 3000円 |

※５級で「誤字訂正」も出題内容と発表されていますが、過去に出題された実績はありません。そのため、旺文社漢検書シリーズでは５級で「誤字訂正」を掲載《けいさい》しておりません。

## ●出題対象となる漢字

漢字検定では、それぞれの級に定められた出題範囲があります。それぞれの級で新たに出題対象となる漢字を配当漢字といい、当該《とうがい》級はそれ以下の級の配当漢字も出題範囲に含まれることが原則です。（上表参照）

## ●漢字検定４級の採点基準

◇採点の対象…筆画を正しく、明確に書かれた字を採点の対象とし、くずした字や乱雑に書かれた字は採点の対象外です。

◇字種・字体・読み…２～10級の解答は、内閣告示「常用漢字表」（平成22年）によります。旧字体での解答は不正解となります。

◇仮名遣い…内閣告示「現代仮名遣い」によります。

◇送り仮名…内閣告示「送り仮名の付け方」によります。

◇部首…『漢検要覧２～10級対応』（公益財団法人日本漢字能力検定協会発行）収録の「部首一覧表と部首別の常用漢字」によります。

◇筆順…筆順の原則は、文部省（現文部科学省）編『筆順指導の手びき』（昭和33年）によります。常用漢字ごとの筆順については、『漢検要覧２～10級対応』収録の「常用漢字の筆順一覧」によります。

◇合格基準…合格のめやすは、正答率70％程度です。２００点満点ですから、１４０点以上とれれば合格の可能性大です。

問い合わせ先
公益財団法人日本漢字能力検定協会
本　部　〒６０５-００７４　京都府京都市東山区祇園町南側５５１番地
TEL ０７５-７５７-８６００　FAX ０７５-５３２-１１１０
東京事務所　〒１０８-００２３　東京都港区芝浦３丁目17-11　天翔田町ビル６階
URL　https://www.kanken.or.jp/

# 4級　配当漢字表（313字）

※漢字検定4級で、新たに出題の対象となる配当漢字313字を五十音順に一覧にしました。

| ア | イ | エ | オ | カ | キ | ク | ケ |
|---|---|---|---|---|---|---|---|
| 握扱 | 依威為偉違維緯壱芋陰隠 | 影鋭越援煙鉛縁 | 汚押奥憶 | 菓暇箇雅介戒皆壊較獲刈甘汗乾勧歓監環鑑含 | 奇祈鬼幾輝儀戯詰却脚及丘朽巨拠距御凶叫狂況狭恐響驚仰 | 駆屈掘繰 | 恵傾継迎撃肩兼剣軒圏堅遣玄 |

| コ | サ | シ | ス | セ | ソ | タ |
|---|---|---|---|---|---|---|
| 枯誇鼓互抗攻更恒荒項稿豪込婚 | 鎖彩歳載剤咲惨 | 旨伺刺脂紫雌執芝斜煮釈寂朱狩趣需舟秀襲柔獣瞬旬巡盾召床沼称紹詳丈畳殖飾触侵振浸寝慎震薪尽陣尋 | 吹 | 是姓征跡占扇鮮 | 訴僧燥騒贈即俗 | 耐替沢拓濁脱丹淡嘆端弾 |

| チ | テ | ト | ニ | ノ | ハ | ヒ | フ | ヘ | ホ |
|---|---|---|---|---|---|---|---|---|---|
| 恥致遅蓄跳徴澄沈珍 | 抵堤摘滴添殿 | 吐途渡奴怒到逃倒唐桃透盗塔稲踏闘胴峠突鈍曇 | 弐 | 悩濃 | 杯輩拍泊迫薄爆髪抜罰般販搬範繁盤 | 彼疲被避尾微匹描浜敏 | 怖浮普腐敷膚賦舞幅払噴 | 柄壁 | 捕舗抱峰砲忙坊肪冒傍帽凡盆 |

| マ | ミ | ム | モ | ヤ | ユ | ヨ | ラ | リ | ル | レ | ロ | ワ |
|---|---|---|---|---|---|---|---|---|---|---|---|---|
| 慢漫 | 妙眠 | 矛霧娘 | 茂猛網黙紋 | 躍 | 雄 | 与誉溶腰踊謡翼 | 雷頼絡欄 | 離粒慮療隣 | 涙 | 隷齢麗暦劣烈恋 | 露郎 | 惑腕 |

※2・3ページの情報は2023年9月現在のものです。内容は変更されることがありますので、詳しくは日本漢字能力検定協会にお問い合わせください。

# 1日目 練習ドリル

## 読み

◆次の——線の漢字の読みをひらがなで記せ。

解答➡別冊P.2

| 合格点 | 得点 |
| --- | --- |
| 17/23 | /23 |

□ 1 威儀を正して式典に出る。（　　）
□ 2 宿の客を車で送迎する。（　　）
□ 3 日本代表チームに声援を送る。（　　）
□ 4 世界でも屈指の名医に頼る。（　　）
□ 5 祖父の前では神妙にする。（　　）
□ 6 周囲への迷惑を考えて行動する。（　　）
□ 7 旅先で雄大な自然に出合う。（　　）
□ 8 起業して三年間は猛烈に働いた。（　　）
□ 9 オリンピックの実況中継を見る。（　　）
□ 10 全国にその会社の店舗がある。（　　）
□ 11 問題を敏速に解決する。（　　）
□ 12 詳細をホームページで確認する。（　　）
□ 13 害虫の駆除を業者に依頼する。（　　）
□ 14 奇抜な行動で仲間を驚かせる。（　　）
□ 15 憶測だけで決めつけてはいけない。（　　）
□ 16 学級会で先生に指示を仰ぐ。（　　）
□ 17 希望に輝く人生を夢見る。（　　）
□ 18 目にも鮮やかな新緑の公園に行く。（　　）
□ 19 彼の名声は朽ちることはない。（　　）
□ 20 名将の誉れ高い指導者につく。（　　）
□ 21 神が与えた試練に違いない。（　　）
□ 22 戦争の傷跡が残っている。（　　）
□ 23 まいた米粒をスズメが食べる。（　　）

# 書き取り

◆次の——線の**カタカナ**を**漢字**に直せ。

解答➡別冊 P.2

| 合格点 | 得点 |
| --- | --- |
| 17/23 | /23 |

□ 1 国境で戦争に**トツニュウ**する。（　）

□ 2 **キョダイ**な仏像を見上げる。（　）

□ 3 新しい政権を**ジュリツ**する。（　）

□ 4 再生資源の活用を**スイシン**する。（　）

□ 5 彼はさっぱりした**ショウブン**だ。（　）

□ 6 大型トラクターを**ソウジュウ**する。（　）

□ 7 **ヒハン**を受け計画を見直す。（　）

□ 8 母は会社を**ケイエイ**している。（　）

□ 9 職業は住宅専門の**ケンチク**家だ。（　）

□ 10 古くなった橋を**ホキョウ**する。（　）

□ 11 汚職事件の追及が**キュウム**である。（　）

□ 12 楽器の**エンソウ**を楽しむ。（　）

□ 13 **キンニク**を付ける運動をする。（　）

□ 14 毎朝の散歩が**シュウカン**だ。（　）

□ 15 資金がなく開さいが**アヤ**ぶまれる。（　）

□ 16 皆の期待を**ウラギ**る行動はしない。（　）

□ 17 学校のプールで**セオヨ**ぎを習った。（　）

□ 18 朝から**アセミズ**たらして働く。（　）

□ 19 アジアで工業が**サカ**んになる。（　）

□ 20 教会で式が**オゴソ**かに行われる。（　）

□ 21 閉店セールで**ネビ**きされている。（　）

□ 22 隣の家のカギを**アズ**かっている。（　）

□ 23 近づいてくる足音に**ミガマ**えた。（　）

# 同音・同訓異字

◆次の――線の**カタカナ**にあてはまる漢字をそれぞれの**ア〜オ**から**一つ**選び、**記号**を記せ。

解答➡別冊P.2

合格点 15/21　得点 /21

□ 1 政治を風**シ**したコラムを書く。（　）
□ 2 文章の趣**シ**がよくわからない。（　）
□ 3 **シ**雄を決する争いにのぞむ。（　）
（**ア** 雌　**イ** 紫　**ウ** 刺　**エ** 旨　**オ** 至）

□ 4 人事院からの**カン**告が出た。（　）
□ 5 受賞を祝って**カン**杯する。（　）
□ 6 主役の登場で**カン**声があがる。（　）
（**ア** 乾　**イ** 歓　**ウ** 監　**エ** 環　**オ** 勧）

□ 7 毎日の仕事に**ボウ**殺される。（　）
□ 8 事の成り行きを**ボウ**観する。（　）
□ 9 名作の**ボウ**頭を暗記する。（　）
（**ア** 冒　**イ** 傍　**ウ** 帽　**エ** 忙　**オ** 貿）

□ 10 目前で見たことを**コ**張して話す。（　）
□ 11 勇気を出すよう若者を**コ**舞する。（　）
□ 12 DNA鑑定が動かぬ証**コ**になった。（　）
（**ア** 故　**イ** 拠　**ウ** 鼓　**エ** 固　**オ** 誇）

□ 13 日本舞**ヨウ**の名取りになる。（　）
□ 14 幼時から童**ヨウ**を聞いて育つ。（　）
□ 15 食塩が水に**ヨウ**解する。（　）
（**ア** 踊　**イ** 容　**ウ** 要　**エ** 溶　**オ** 謡）

□ 16 雨水が浸**トウ**するのを防ぐ。（　）
□ 17 他人の作品を**トウ**作してはいけない。（　）
□ 18 大都市の生活から**トウ**避する。（　）
（**ア** 盗　**イ** 倒　**ウ** 透　**エ** 逃　**オ** 到）

□ 19 新しいプロジェクトの指揮を**ト**る。（　）
□ 20 ポスターをピンで壁に**ト**める。（　）
□ 21 命の尊さを**ト**く。（　）
（**ア** 泊　**イ** 執　**ウ** 説　**エ** 留　**オ** 捕）

# 熟語の構成

◆**熟語の構成**のしかたには次のようなものがある。

解答➡別冊 P.2

合格点 19/26　得点 /26

**ア** 同じような意味の漢字を重ねたもの……（岩石）
**イ** 反対または対応の意味を表す字を重ねたもの……（高低）
**ウ** 上の字が下の字を修飾しているもの……（洋画）
**エ** 下の字が上の字の目的語・補語になっているもの…（着席）
**オ** 上の字が下の字の意味を打ち消しているもの……（非常）

次の熟語は右の**ア〜オ**のどれにあたるか、**一つ**選び、**記号**を記せ。

1 浮沈（　）
2 栄枯（　）
3 皮膚（　）
4 首尾（　）
5 安眠（　）
6 功罪（　）
7 劣悪（　）
8 歌謡（　）
9 濃淡（　）
10 握手（　）
11 無恥（　）
12 経緯（　）
13 清濁（　）
14 避暑（　）
15 不慮（　）
16 遅速（　）
17 需給（　）
18 豪雨（　）
19 光輝（　）
20 禁煙（　）
21 別離（　）
22 到達（　）
23 鋭敏（　）
24 堅固（　）
25 比較（　）
26 更衣（　）

# 対義語・類義語

◆後の□内のひらがなを漢字に直して（　）に入れ、**対義語・類義語**を作れ。□内のひらがなは一度だけ使い、（　）に**一字記入**せよ。

解答➡別冊P.3

| 合格点 | 得点 |
|---|---|
| 17/24 | /24 |

**対義語**

□ 1 閉鎖―開（　）

□ 2 繁雑―簡（　）

□ 3 警戒―（　）断

□ 4 高雅―（　）俗

□ 5 軽率―慎（　）

**類義語**

□ 6 本気―（　）剣

□ 7 追憶―回（　）

□ 8 恒久―（　）遠

□ 9 対等―互（　）

□ 10 屈指―抜（　）

えい・かく・ぐん・しん・そう・ちょう・てい・ほう・ゆ・りゃく

**対義語**

□ 11 定期―（　）時

□ 12 徴収―（　）入

□ 13 短縮―（　）長

□ 14 却下―受（　）

□ 15 歳末―年（　）

□ 16 複雑―単（　）

□ 17 病弱―丈（　）

**類義語**

□ 18 沈着―（　）静

□ 19 及第―合（　）

□ 20 手本―（　）範

□ 21 釈明―（　）解

□ 22 入手―獲（　）

□ 23 精進―（　）力

□ 24 隷属―服（　）

えん・かく・じゅう・じゅん・ど・とう・とく・のう・ぶ・べん・も・り・りん・れい

# 四字熟語

◆文中の四字熟語の――線のカタカナを漢字に直し、一字記入せよ。

解答➡別冊P.3

| 合格点 | 得点 |
|---|---|
| 17/23 | /23 |



□ 1 犯罪集団を**一網ダ尽**にする。（　　）

□ 2 **抱フク絶倒**確実の喜劇。（　　）

□ 3 健康のため**頭カン足熱**を実行する。（　　）

□ 4 **適ザイ適所**で各人の能力を引き出す。（　　）

□ 5 秋の**ホウ年満作**を願う。（　　）

□ 6 **薄リ多売**を店の方針とする。（　　）

□ 7 長い間待った**時セツ到来**だ。（　　）

□ 8 天才も**完全無ケツ**ではない。（　　）

□ 9 旅先で**名所キュウ跡**に立ち寄る。（　　）

□ 10 一人で**力戦フン闘**したが敗れた。（　　）

□ 11 探検隊が**人跡ミ踏**の地に入る。（　　）

□ 12 弟の**牛イン馬食**にはあきれる。（　　）

□ 13 **起承テン結**で構成された漢詩。（　　）

□ 14 次の試合に向けて**闘シ満満**だ。（　　）

□ 15 師の教えを**キン科玉条**とする。（　　）

□ 16 常に**ゲン行一致**を心がける。（　　）

□ 17 **ユウ柔不断**で物事を決められない。（　　）

□ 18 **是ヒ曲直**をわきまえる。（　　）

□ 19 **アン雲低迷**の様相だが希望はある。（　　）

□ 20 **大同小イ**な意見ばかりの会議だ。（　　）

□ 21 **オン故知新**の心構えが大切だ。（　　）

□ 22 **キ色満面**の笑みを浮かべた。（　　）

□ 23 長引く不景気で**アオ息吐息**だ。（　　）

## 2日目 練習ドリル

# 読み

◆次の——線の**漢字の読みをひらがな**で記せ。

解答➡別冊 P.4

| 合格点 | 得点 |
| --- | --- |
| 17/23 | /23 |

□ 1 交通費が**別途**必要である。（　　）

□ 2 団体旅行のバスに**添乗**する。（　　）

□ 3 社会生活の**規範**を守る。（　　）

□ 4 大型車の荷台に土を**積載**する。（　　）

□ 5 デビュー作が**鮮烈**な印象を残す。（　　）

□ 6 **恒久**的な平和を願う。（　　）

□ 7 話題の中心人物が心情を**吐露**した。（　　）

□ 8 その言動は**思慮**が足りない。（　　）

□ 9 人がいやがる仕事を**率先**してする。（　　）

□ 10 いつもの**就寝**の時刻が過ぎた。（　　）

□ 11 **寸暇**をおしんで働く。（　　）

□ 12 入学試験問題の**傾向**を調べる。（　　）

□ 13 夏の日中は電力の**需要**が増える。（　　）

□ 14 急に倒れた級友を**介抱**する。（　　）

□ 15 新人がいきなり**手柄**を立てる。（　　）

□ 16 湖水が底まで**透**き通る。（　　）

□ 17 ボートを借りて島に**渡**る。（　　）

□ 18 通路が**狭**く人がすれ違えない。（　　）

□ 19 高熱で苦しくて**脂汗**をかいた。（　　）

□ 20 新聞記者としてはまだ**駆**け出しだ。（　　）

□ 21 手に汗を**握**るような競い合いだ。（　　）

□ 22 大風のために電柱が**傾**いた。（　　）

□ 23 暖かそうなので**薄着**で外に行く。（　　）

# 書き取り

◆次の――線のカタカナを漢字に直せ。

解答➡別冊 P.4

| 合格点 | 得点 |
|---|---|
| 17/23 | /23 |

□ 1 画像を**アッシュク**して送る。

□ 2 **ベンゼツ**がうまくて引き込まれる。

□ 3 話の**ダンペン**を小耳にはさむ。

□ 4 天気が急変して**ライウ**になる。

□ 5 それは会社の**ゴクヒ**事項だ。

□ 6 彼女に**コンヤク**指輪を贈る。

□ 7 今回は入場できない**クイキ**がある。

□ 8 彼は意外に**コウカン**をもたれる。

□ 9 芸術家が**カゲキ**な表現をする。

□ 10 話をいったん**ホリュウ**する。

□ 11 その**エンセン**で一番人気の町だ。

□ 12 **マイゴ**になった孫を探す。

□ 13 自然が織りなす**ケシキ**が美しい。

□ 14 条件に合わなければ**ジョキョ**する。

□ 15 弟は**アマクチ**のカレーが好きだ。

□ 16 礼儀として**スジミチ**を通す。

□ 17 **ネフダ**に大きく価格を書く。

□ 18 学者として**スグ**れた業績を残す。

□ 19 再会の場面で**メガシラ**が熱くなる。

□ 20 新しい人生の**カドデ**に立つ。

□ 21 ねんざした足首が**イタ**い。

□ 22 カップにお湯を**ソソ**ぐ。

□ 23 絶対に君を**ミカギ**ることはない。

# 漢字の識別

◆三つの□に共通する漢字を入れて熟語を作れ。漢字は下の□から一つ選び、記号を記せ。

解答➡別冊P.4

合格点 14/20　得点 /20

□ 1 □舞・太□・□笛隊（　）

□ 2 □案・奇□・絶□（　）

□ 3 □動・跳□・活□（　）

□ 4 □角・交□・相□（　）

□ 5 物□・□動・□乱（　）

ア鼓　イ価　ウ騒　エ提　オ躍
カ直　キ妙　ク互　ケ発　コ演

□ 6 新□・□利・□敏（　）

□ 7 波□・□章・家□（　）

□ 8 □守・猛□・□略（　）

□ 9 自□・□心・高□（　）

□ 10 □念・□行・固□（　）

ア興　イ紋　ウ倒　エ慢　オ丹
カ鋭　キ動　ク冷　ケ執　コ攻

□ 11 □定・印□・□賞（　）

□ 12 貯□・含□・□財（　）

□ 13 敏□・□力・□前（　）

□ 14 □談・額□・□故（　）

□ 15 □流・□点・白□（　）

ア濁　イ縁　ウ規　エ活　オ蓄
カ清　キ腕　ク相　ケ蔵　コ鑑

□ 16 回□・□難・退□（　）

□ 17 □議・抵□・反□（　）

□ 18 散□・□遊・□然（　）

□ 19 困□・□星・迷□（　）

□ 20 □形・追□・遺□（　）

ア跡　イ転　ウ避　エ惑　オ争
カ抗　キ情　ク漫　ケ間　コ整

どの漢字が入るのかな？

# 部首

◆次の漢字の**部首**を**ア〜エ**から**一つ**選び、**記号**を記せ。

解答➡別冊P.4

| 合格点 | 得点 |
| --- | --- |
| 14/19 | /19 |

1 戯（ア 虍　イ 厂　ウ 弋　エ 戈）（　）

2 彩（ア ノ　イ ⺤　ウ 木　エ 彡）（　）

3 奥（ア ノ　イ 冂　ウ 米　エ 大）（　）

4 尾（ア 厂　イ ノ　ウ 尸　エ 毛）（　）

5 幾（ア 幺　イ 一　ウ 人　エ 戈）（　）

6 床（ア 亠　イ 广　ウ 十　エ 木）（　）

7 影（ア 日　イ 口　ウ 小　エ 彡）（　）

8 扇（ア 一　イ 尸　ウ 戸　エ 羽）（　）

9 是（ア 日　イ 一　ウ ノ　エ 𤴓）（　）

10 朱（ア ノ　イ 二　ウ 丨　エ 木）（　）

11 殿（ア 尸　イ 八　ウ 殳　エ 又）（　）

12 畳（ア 田　イ 冖　ウ 目　エ 一）（　）

13 疲（ア 广　イ 冫　ウ 疒　エ 皮）（　）

14 罰（ア 罒　イ 亠　ウ 言　エ 刂）（　）

15 翼（ア 羽　イ 田　ウ 二　エ 八）（　）

16 勧（ア ノ　イ 二　ウ 隹　エ 力）（　）

17 却（ア 土　イ ム　ウ 卩　エ 亅）（　）

18 窓（ア 宀　イ 穴　ウ ム　エ 心）（　）

19 療（ア 疒　イ 大　ウ 日　エ 小）（　）

# 送りがな

◆次の——線のカタカナを**漢字一字と送りがな（ひらがな）**に直せ。

解答➡別冊P.5

| 合格点 | 得点 |
| --- | --- |
| 17/23 | /23 |

□ 1 息子の先行きを**アヤブム**。（　　）

□ 2 表情が**ユタカナ**役者。（　　）

□ 3 全選手の参加が**ノゾマシイ**。（　　）

□ 4 厳しい練習に**ナレル**。（　　）

□ 5 意地悪をしたのが**ウシロメタイ**。（　　）

□ 6 墓に好物のまんじゅうを**ソナエル**。（　　）

□ 7 三人の子宝を**サズカル**。（　　）

□ 8 テレビで見たおもちゃが**ホシイ**。（　　）

□ 9 古い寺院を**オトズレル**。（　　）

□ 10 悩みを**シタシイ**友人に相談する。（　　）

□ 11 年老いた父と幼児を**ヤシナウ**。（　　）

□ 12 その話題には口を固く**トザス**。（　　）

□ 13 事実かどうかを**タシカメル**。（　　）

□ 14 夜もふけてお祝いの会も**ハテル**。（　　）

□ 15 自分の信念に**シタガウ**。（　　）

□ 16 軽いけがでまだ**サイワイ**だった。（　　）

□ 17 北アルプスは高い山が**ツラナル**。（　　）

□ 18 意外な真相が**アキラカニ**なる。（　　）

□ 19 部屋を**チラカサ**ないでほしい。（　　）

□ 20 いきなり頭から冷水を**アビセル**。（　　）

□ 21 夜中にふと目が**サメル**。（　　）

□ 22 冷蔵庫の食べ物を**クサラス**。（　　）

□ 23 彼女は医師を**ココロザシ**ている。（　　）

# 誤字訂正

◆次の各文にまちがって使われている**同じ読みの漢字が一字ある。上の(　)に誤字を、下の[　]に正しい漢字**を記せ。

解答➡別冊P.5

| 合格点 | 得点 |
| --- | --- |
| 10/14 | /14 |

□ 1 競技の開始前に、芝生のグラウンドは職人たちの手で美しく制備された。(　)[　]

□ 2 この食品は常温での補存が難しいため、冷却した状態で輸送される。(　)[　]

□ 3 日本で十年ぶりに開かれる典覧会には多くの客が押し寄せ満員の盛況だ。(　)[　]

□ 4 大量の業務を終わらせる計画を全員で立案したが、まだ検到の余地がある。(　)[　]

□ 5 何度も精密検査を重ねて調べたところ難病が発見され、知療は一刻を争う。(　)[　]

□ 6 一枚の悲惨な写真が地球上に争いのない世界を獲特する必要を物語る。(　)[　]

□ 7 日本の社会は長期にわたった不況から脱し、経財が回復に向かっている。(　)[　]

□ 8 スプリンクラーは火災の際に天井から自動的に水を放出する操置だ。(　)[　]

□ 9 他国の仕援のために出されたお金は現地の要求にあう用途で使われる。(　)[　]

□ 10 力の接近した二チームが必死で戦う試合は成り行きも勝敗も与測できない。(　)[　]

□ 11 職場環境を改全して安心して働ける会社にすることでよい商品ができる。(　)[　]

□ 12 夏の合宿で二度と事故が起こらないように対作を練ることが必要だ。(　)[　]

□ 13 生徒たちが羽目を外しすぎないように校長から監使役を仰せつかった。(　)[　]

□ 14 今度こそ実力を発起する舞台になるだろうと劇団員の期待もふくらむ。(　)[　]

## 3日目 練習ドリル

# 読み

◆次の——線の漢字の読みをひらがなで記せ。

解答➡別冊P.6

| 合格点 | 得点 |
| --- | --- |
| 17/23 | /23 |

□ 1 一面の濃霧が湖をおおう。（　　）

□ 2 英語の教科書を黙読する。（　　）

□ 3 将来の夢は服飾デザイナーだ。（　　）

□ 4 違法な天下りが問題になった。（　　）

□ 5 想像力の豊かさに脱帽する。（　　）

□ 6 競争意識に拍車がかかる。（　　）

□ 7 水質汚濁の対策を立てる。（　　）

□ 8 考えの根拠を示す。（　　）

□ 9 最後までただ傍観している。（　　）

□ 10 現場では切迫の度が増している。（　　）

□ 11 陸上選手が跳躍力を競う。（　　）

□ 12 体操の妙技を会場で楽しんだ。（　　）

□ 13 最近脚光を浴びている観光地。（　　）

□ 14 来月までに原稿を書く約束だ。（　　）

□ 15 裁判で上訴が却下された。（　　）

□ 16 店は夏休みに繁忙を極める。（　　）

□ 17 旅行に幾ら必要かを試算する。（　　）

□ 18 チームにとって頼もしい四番打者。（　　）

□ 19 信じた私が甘かった。（　　）

□ 20 奇術師のマジックに惑わされた。（　　）

□ 21 偉い人の伝記を読む。（　　）

□ 22 どことなく怒りを含む態度。（　　）

□ 23 野手の前でボールが大きく弾む。（　　）

# 書き取り

◆次の——線の**カタカナ**を**漢字**に直せ。

解答➡別冊 P.6

| 合格点 | 得点 |
| --- | --- |
| 17/23 | /23 |



□ 1 店先に**シキサイ**豊かな花が並ぶ。（　　）

□ 2 今月**ゲジュン**から試験が始まる。（　　）

□ 3 要点を**カンケツ**に説明する。（　　）

□ 4 いとこの結婚を**シュクフク**する。（　　）

□ 5 夏休みの**ホシュウ**に通う。（　　）

□ 6 ねこの声帯**モシャ**をする。（　　）

□ 7 **シャソウ**の景色を楽しむ。（　　）

□ 8 **メンミツ**な計画を立てる。（　　）

□ 9 政治の**コンラン**が避けられない。（　　）

□ 10 新しい恋人に**ムチュウ**だ。（　　）

□ 11 式の予算の**ウチワケ**を書き出す。（　　）

□ 12 進行に**シショウ**があると困る。（　　）

□ 13 **ミンシュウ**は自由を求めた。（　　）

□ 14 家族の**アンピ**を問い合わせる。（　　）

□ 15 母の言い付けには**ソム**かない。（　　）

□ 16 人里離れた**ヤマオク**に住む。（　　）

□ 17 暗がりを**テサグ**りで進む。（　　）

□ 18 誤解に**モト**づいた話だと気付く。（　　）

□ 19 兄は**カタトキ**も電話を放さない。（　　）

□ 20 年**オ**いた犬の世話をする。（　　）

□ 21 思うようにならず**シタウ**ちした。（　　）

□ 22 **デマカ**せを口にする悪いくせ。（　　）

□ 23 **ユウグ**れに友人の家を訪ねた。（　　）

# 同音・同訓異字

◆次の――線の**カタカナ**にあてはまる漢字をそれぞれ**ア〜オ**から**一つ**選び、**記号**を記せ。

合格点 15/21　得点 /21

□ 1 校内で一番、絵がうまいと自**フ**する。（　）
□ 2 政治の**フ**敗を追及する。（　）
□ 3 新たな疑いが**フ**上する。（　）
（**ア** 賦　**イ** 腐　**ウ** 浮　**エ** 布　**オ** 負）

□ 4 ご**イ**頼の件は承知した。（　）
□ 5 経**イ**を細かく述べる。（　）
□ 6 王の**イ**厳をもって命じる。（　）
（**ア** 緯　**イ** 依　**ウ** 維　**エ** 威　**オ** 偉）

□ 7 **キョウ**縮だが立ってもらう。（　）
□ 8 演奏会は盛**キョウ**のうちに終わった。（　）
□ 9 野球の試合に熱**キョウ**する。（　）
（**ア** 況　**イ** 響　**ウ** 恐　**エ** 叫　**オ** 狂）

□ 10 今までの方針を**ケン**持する。（　）
□ 11 合格の**ケン**内にいる。（　）
□ 12 視察団を派**ケン**する。（　）
（**ア** 険　**イ** 圏　**ウ** 遣　**エ** 堅　**オ** 検）

□ 13 そのうわさを信じる人は**カイ**無だ。（　）
□ 14 親子の問題に隣人が**カイ**入する。（　）
□ 15 台風への警**カイ**を強める。（　）
（**ア** 皆　**イ** 戒　**ウ** 壊　**エ** 快　**オ** 介）

□ 16 著作権を**ケイ**承する。（　）
□ 17 歴史上の人物に**ケイ**倒する。（　）
□ 18 自然の恩**ケイ**を受ける。（　）
（**ア** 敬　**イ** 系　**ウ** 継　**エ** 傾　**オ** 恵）

□ 19 空気に**フ**れると酸化する金属がある。（　）
□ 20 急カーブでブレーキを**フ**む。（　）
□ 21 集会で熱弁を**フ**るう。（　）
（**ア** 踏　**イ** 振　**ウ** 噴　**エ** 触　**オ** 降）

# 熟語の構成

◆**熟語の構成**のしかたには次のようなものがある。

解答➡別冊P.6

| 合格点 | 得点 |
|---|---|
| 19/26 | /26 |

**ア** 同じような意味の漢字を重ねたもの……………（岩石）
**イ** 反対または対応の意味を表す字を重ねたもの……（高低）
**ウ** 上の字が下の字を修飾しているもの……………（洋画）
**エ** 下の字が上の字の目的語・補語になっているもの…（着席）
**オ** 上の字が下の字の意味を打ち消しているもの……（非常）

次の熟語は右の**ア〜オ**のどれにあたるか、**一つ**選び、**記号**を記せ。

□ 1 無尽（　）
□ 2 雌雄（　）
□ 3 不眠（　）
□ 4 汚点（　）
□ 5 橋脚（　）
□ 6 因果（　）
□ 7 筆跡（　）
□ 8 抜群（　）
□ 9 援助（　）
□ 10 存亡（　）
□ 11 休暇（　）
□ 12 斜面（　）
□ 13 運搬（　）
□ 14 送迎（　）
□ 15 未婚（　）
□ 16 獲得（　）
□ 17 着脱（　）
□ 18 陰陽（　）
□ 19 乾杯（　）
□ 20 歓声（　）
□ 21 越境（　）
□ 22 遊戯（　）
□ 23 違反（　）
□ 24 闘志（　）
□ 25 屈指（　）
□ 26 遠征（　）

# 対義語・類義語 3

◆後の[ ]内のひらがなを漢字に直して（ ）に入れ、**対義語**・**類義語**を作れ。[ ]内のひらがなは一度だけ使い、（ ）に**一字記入**せよ。

解答➡別冊 P.7

| 合格点 | 得点 |
| --- | --- |
| 17/24 | /24 |

**対義語**

□ 1 起床―（ ）寝

□ 2 悲嘆―歓（ ）

□ 3 攻撃―（ ）御

□ 4 末尾―冒（ ）

□ 5 決定―保（ ）

**類義語**

□ 6 前途―（ ）来

□ 7 不朽―（ ）遠

□ 8 風刺―皮（ ）

□ 9 根拠―理（ ）

□ 10 支度―（ ）備

えい・き・しゅう・じゅん・しょう・とう・にく・ぼう・ゆう・りゅう

**対義語**

□ 11 温和―乱（ ）

□ 12 保守―（ ）新

□ 13 消費―（ ）蓄

□ 14 不振―好（ ）

□ 15 短縮―（ ）長

□ 16 甘言―（ ）言

□ 17 終盤―（ ）盤

**類義語**

□ 18 長者―（ ）豪

□ 19 変更―（ ）定

□ 20 介抱―（ ）護

□ 21 出席―（ ）列

□ 22 対照―（ ）較

□ 23 近隣―周（ ）

□ 24 普通―尋（ ）

えん・かい・かく・かん・く・さん・じょ・じょう・ちょ・ちょう・ひ・ふ・へん・ぼう

# 四字熟語

◆文中の**四字熟語**の——線の**カタカナ**を**漢字**に直し、**一字記入**せよ。

解答➡別冊 P.7

| 合格点 | 得点 |
| --- | --- |
| 17/23 | /23 |

1. **驚テン動地**の大騒ぎになる。（　）
2. 研究は**一進一タイ**を繰り返す。（　）
3. 山村で**自給自ソク**の生活をする。（　）
4. 現象を**理ロ整然**と説明する。（　）
5. **注意サン漫**で集中できない。（　）
6. **多ジ多端**な毎日を過ごす。（　）
7. **問答無ヨウ**で襲いかかる。（　）
8. **一ボウ千里**の大平原を歩く。（　）
9. 問題が山積みで**アオ息吐息**だ。（　）
10. **絶タイ絶命**の危機を逃れる。（　）
11. **異ク同音**に賛成する。（　）
12. **是非ゼン悪**をよく考える。（　）
13. この局面では**即ダン即決**が必要だ。（　）
14. **議ロン百出**の末、解決策が出た。（　）
15. そこは**山紫水メイ**の地だった。（　）
16. **一日千シュウ**の思いで待つ。（　）
17. その絵は**モン外不出**の名品だ。（　）
18. **キョウ味本位**で書かれたゴシップ。（　）
19. 彼の**一キョ一動**が注目されている。（　）
20. **心機一テン**して出直そう。（　）
21. いつの世も**天サイ地変**はある。（　）
22. 悪い知らせに**意気ショウ沈**した。（　）
23. 今は**現ジョウ維持**でよい。（　）

# 4日目 練習ドリル

## 読み

◆次の――線の漢字の読みをひらがなで記せ。

解答➡別冊P.8

| 合格点 | 得点 |
|---|---|
| 17/23 | /23 |

□ 1 新製品には意外な反響があった。（　　）

□ 2 生鮮食品の売り場を担当する。（　　）

□ 3 趣味の謡曲をひろうする。（　　）

□ 4 生徒の幸せを祈念する。（　　）

□ 5 各部署から精鋭を集める。（　　）

□ 6 前回より多い議席を獲得する。（　　）

□ 7 有能な人材を多く輩出する大学。（　　）

□ 8 会社にとって致命的な失敗だ。（　　）

□ 9 壊れた箇所を直す。（　　）

□ 10 時代の変化に即応して処置する。（　　）

□ 11 弱った彼には療養が必要だ。（　　）

□ 12 従来より耐久力に優れた製品。（　　）

□ 13 勝利が決まり歓呼の声をあげる。（　　）

□ 14 電車が遅延した証明書をもらう。（　　）

□ 15 受賞したうれしさで感涙にむせぶ。（　　）

□ 16 くつの中まで水浸しになる。（　　）

□ 17 忙しいことが悪いとは限らない。（　　）

□ 18 目標の達成に淡い期待を持つ。（　　）

□ 19 大安の日を暦で確かめる。（　　）

□ 20 運動会当日はよい天気に恵まれた。（　　）

□ 21 濃い霧で前がよく見えない。（　　）

□ 22 小遣いは貯金箱に入れている。（　　）

□ 23 人に告げず黙って行動する。（　　）

# 書き取り

◆次の――線のカタカナを漢字に直せ。

解答➡別冊P.8

| 合格点 | 得点 |
| --- | --- |
| 17/23 | /23 |



□ 1 **ヒボン**な才能をもつ選手。

□ 2 よく**ケントウ**して結論を出す。

□ 3 祖母は**メイシン**深い。

□ 4 全部を手に入れようと**ヨクバ**る。

□ 5 住民投票で**サンピ**を問う。

□ 6 海外留学者数の**トウケイ**をとる。

□ 7 開花に**サイテキ**な気温になる。

□ 8 珍しい機械を**ドウニュウ**する。

□ 9 前例を**ジュウシ**した方針。

□ 10 運動で**アクリョク**をきたえる。

□ 11 **キンゾク**年数が長い社員。

□ 12 何が起きたのか**スイサツ**する。

□ 13 高校では**エンゲキ**部だった。

□ 14 店の**カンバン**を新しくする。

□ 15 **ウラニワ**で木の手入れをする。

□ 16 消毒して**キズグチ**を清潔にする。

□ 17 夫人の**ムナモト**の首飾りが美しい。

□ 18 春の**オトズ**れを告げる鳥の声。

□ 19 いちょう**ナミキ**が色づいてきた。

□ 20 **ヒトカゲ**の少ない通りを歩く。

□ 21 **アツデ**の上着を持っていく。

□ 22 体重計の**メモ**りを読む。

□ 23 君が**ノゾ**む所へ旅をしよう。

# 同音・同訓異字

◆次の——線の**カタカナ**にあてはまる漢字をそれぞれの**ア**〜**オ**から**一つ**選び、**記号**を記せ。

解答➡別冊P.8

| 合格点 | 得点 |
| --- | --- |
| 15/21 | /21 |

□ 1 責任を回**ヒ**しようとする。（　）
□ 2 街の様子を**ヒ**写体に選ぶ。（　）
□ 3 **ヒ**岸に祖先の墓参りに行く。（　）
（**ア** 避　**イ** 被　**ウ** 彼　**エ** 秘　**オ** 比）

□ 4 出世とは無**エン**の会社員生活。（　）
□ 5 観客席から声**エン**を送る。（　）
□ 6 **エン**線には大型の店舗が多い。（　）
（**ア** 遠　**イ** 縁　**ウ** 沿　**エ** 援　**オ** 鉛）

□ 7 美術館で不**キュウ**の名画を見る。（　）
□ 8 個人の身の上にまで言**キュウ**する。（　）
□ 9 砂**キュウ**に風紋が現れる。（　）
（**ア** 給　**イ** 及　**ウ** 旧　**エ** 丘　**オ** 朽）

□ 10 恩師の言葉に**ショク**発された。（　）
□ 11 街はクリスマスの装**ショク**で一杯だ。（　）
□ 12 ネズミは繁**ショク**力が強い。（　）
（**ア** 色　**イ** 植　**ウ** 飾　**エ** 触　**オ** 殖）

□ 13 中世の歴史を専**コウ**する。（　）
□ 14 決定した事**コウ**を書き記す。（　）
□ 15 毎月**コウ**例の会に出席する。（　）
（**ア** 仰　**イ** 項　**ウ** 更　**エ** 恒　**オ** 攻）

□ 16 展覧会で出品作が**ショウ**賛される。（　）
□ 17 毎朝六時に起**ショウ**する。（　）
□ 18 事故の**ショウ**細はまだわからない。（　）
（**ア** 床　**イ** 召　**ウ** 称　**エ** 照　**オ** 詳）

□ 19 母に対しては感謝の一言に**ツ**きる。（　）
□ 20 希望の職種に**ツ**く。（　）
□ 21 祖父の代からの家業を**ツ**ぐ。（　）
（**ア** 次　**イ** 突　**ウ** 継　**エ** 就　**オ** 尽）

# 漢字の識別

◆三つの□に共通する漢字を入れて熟語を作れ。漢字は下の□から**一つ**選び、**記号**を記せ。

合格点 14/20　得点 /20

1　□発・接□・感□（　）
2　首□・□根・□行（　）
3　□圧・□厳・権□（　）
4　□下・売□・退□（　）
5　□式・□礼・流□（　）

ア蒸　イ却　ウ威　エ制　オ軒
カ尾　キ角　ク相　ケ触　コ儀

6　機□・□感・□腕（　）
7　冷□・□泊・濃□（　）
8　紹□・□入・□抱（　）
9　□撃・唐□・□端（　）
10　□動・□妙・□生物（　）

ア微　イ蔵　ウ敏　エ突　オ射
カ淡　キ運　ク介　ケ械　コ待

11　師□・□囲・模□（　）
12　離□・□衣・□却（　）
13　□度・□明・□烈（　）
14　□画・□曲・遊□（　）
15　相□・□反・□法（　）

ア散　イ違　ウ談　エ温　オ脱
カ勝　キ範　ク怒　ケ鮮　コ戯

16　先□・道□・□正（　）
17　□来・□着・□達（　）
18　□秘・□限・究□（　）
19　猛□・□火・□風（　）
20　指□・□出・□発（　）

ア摘　イ発　ウ烈　エ到　オ陣
カ極　キ敵　ク端　ケ鬼　コ往

# 対義語・類義語 四

解答➡別冊 P.9

◆後の□内のひらがなを漢字に直して（　）に入れ、**対義語・類義語**を作れ。□内のひらがなは一度だけ使い、（　）に**一字記入**せよ。

| 合格点 | 得点 |
| --- | --- |
| 17/24 | /24 |

**対義語**

□ 1 加熱―（　）却

□ 2 在宅―（　）守

□ 3 建設―（　）壊

□ 4 近隣―（　）方

□ 5 陰性―（　）性

**類義語**

□ 6 運搬―（　）送

□ 7 縁者―（　）類

□ 8 筋道―（　）絡

□ 9 手柄―功（　）

□ 10 永眠―（　）界

えん・しん・せき・た・は・みゃく・ゆ・よう・る・れい

**対義語**

□ 11 凶作―（　）作

□ 12 脱退―加（　）

□ 13 深夜―（　）昼

□ 14 故意―（　）失

□ 15 祖先―子（　）

□ 16 老齢―（　）年

□ 17 客席―舞（　）

**類義語**

□ 18 専有―（　）占

□ 19 巨木―大（　）

□ 20 考慮―思（　）

□ 21 即刻―（　）速

□ 22 推量―（　）測

□ 23 道端―（　）傍

□ 24 値段―価（　）

あん・おく・か・かく・さっ・じゅ・そん・たい・どく・はく・ほう・めい・よう・ろ

# 誤字訂正

◆次の各文にまちがって使われている**同じ読みの漢字が一字**ある。**上の（　）に誤字を、下の［　］に正しい漢字**を記せ。

解答➡別冊 P.9

| 合格点 | 得点 |
| --- | --- |
| 10/14 | /14 |

□ 1 今の段階では、困難を極める実験を開始できるかどうか全く反断できない。（　）［　］

□ 2 投手陣が無失点におさえ試合に勝ったが、打者の不調が科題として残った。（　）［　］

□ 3 次の土曜日は地区の祭りが行われるため、大幅な交通基制が予定されている。（　）［　］

□ 4 人類にとって貴長な海底資源の開発は地球の将来を決定するかもしれない。（　）［　］

□ 5 築四十年のビルは各所の劣化による倒壊の恐れがあり監使することになった。（　）［　］

□ 6 家庭で熱帯魚を仕育するには、ヒーターなどを設置して水温を保つ必要がある。（　）［　］

□ 7 被災地では、人手や資材不足による復興の遅れが真刻な事態になっている。（　）［　］

□ 8 内戦がやまない国では、病院も営生が万全でなく医師は苦慮している。（　）［　］

□ 9 文だんの新星である女流作家の小説が文学賞の公補に選ばれ、注目を集めた。（　）［　］

□ 10 会社側が提事してきた給料体系の変更について、労働組合が精査する。（　）［　］

□ 11 薬品などを使って害虫を駆助する方法は、近年の農業では行われていない。（　）［　］

□ 12 地域の改発を進めるにあたり行政は住民の合意を取り付ける必要がある。（　）［　］

□ 13 彼の入団によって県内屈志の強豪チームになれるだろうと期待が高まった。（　）［　］

□ 14 インターネットの情報に頼らず事実かどうか本人に覚認することが不可欠だ。（　）［　］

# 5日目 練習ドリル

## 書き取り

◆次の——線のカタカナを漢字に直せ。

解答➡別冊P.10

| 合格点 | 得点 |
| --- | --- |
| 35/49 | /49 |

□ 1 会場の**セイエン**を味方につけて戦う。（　）

□ 2 アルコール**ノウド**の高い消毒液。（　）

□ 3 犯人は自ら**ボケツ**を掘った。（　）

□ 4 **フクツ**の精神で立ち向かう。（　）

□ 5 **ユウシュウ**な成績で合格する。（　）

□ 6 卒業生を**ハクシュ**で見送った。（　）

□ 7 インタビューで**スガオ**を見せる。（　）

□ 8 出場メンバーを**センバツ**する。（　）

□ 9 寝る前に**キミョウ**な物語を読む。（　）

□ 10 **キケン**を物ともせずに救出する。（　）

□ 11 先輩の長所を**キュウシュウ**する。（　）

□ 12 ファッション雑誌の**センゾク**モデル。（　）

□ 13 港を**ケイユ**するバスに乗る。（　）

□ 14 台風で旅行が一日**エンキ**された。（　）

□ 15 **ジュクレン**の技が光る。（　）

□ 16 学校で予防**チュウシャ**をする。（　）

□ 17 労働日数を**タンシュク**する。（　）

□ 18 太陽エネルギーを**チョゾウ**する。（　）

□ 19 毎朝血圧を**ソクテイ**する。（　）

□ 20 経費をできるだけ**セツヤク**する。（　）

□ 21 **キョウド**料理に舌つづみを打つ。（　）

□ 22 **ノウゼイ**するため役所に行く。（　）

□ 23 **ツウヤク**を介して会話する。（　）

□ 24 チーズは**ニュウセイヒン**だ。（　　）

□ 25 初めてなのに**ドキョウ**がある。（　　）

□ 26 現地まで物資を**ユソウ**する。（　　）

□ 27 意見を**カンケツ**に述べる。（　　）

□ 28 面接では**フクソウ**にも気を配る。（　　）

□ 29 次の女王は美の**ケシン**のようだ。（　　）

□ 30 弟はリモコンの**ソウジュウ**がうまい。（　　）

□ 31 すもうの**ドヒョウ**入りを見る。（　　）

□ 32 セミナーで**コウシ**として話す。（　　）

□ 33 球場の**シバフ**を手入れする。（　　）

□ 34 **カリ**にも父に対する言動ではない。（　　）

□ 35 記録を**オオハバ**に更新する。（　　）

□ 36 青い海が**ミワタ**す限り広がる。（　　）

□ 37 友達に**ナヤ**みを打ち明ける。（　　）

□ 38 詳しい解説を**ハブ**く。（　　）

□ 39 ようやく新生活に**ナ**れてきた。（　　）

□ 40 庭にふとんを**ホ**す。（　　）

□ 41 しっぽを**マ**いて逃げ出す。（　　）

□ 42 好きな作家の本が**ホ**しい。（　　）

□ 43 **ヒロ**った物を交番に届ける。（　　）

□ 44 店の軒先で**アマヤド**りをする。（　　）

□ 45 赤ん坊は**サズ**かりものだ。（　　）

□ 46 初めてパーティーに**マネ**かれた。（　　）

□ 47 **メザ**ましい進歩に驚く。（　　）

□ 48 ヒナが成長して**スダ**っていった。（　　）

□ 49 勇気を**フル**い起こして戦う。（　　）

# 同音・同訓異字

◆次の――線の**カタカナ**にあてはまる漢字をそれぞれの**ア〜オ**から**一つ**選び、**記号**を記せ。

解答➡別冊 P.10

| 合格点 | 得点 |
| --- | --- |
| 15/21 | /21 |

□ 1 思わず感**タン**の声をもらす。（　　）
□ 2 祖母は**タン**泊な味を好む。（　　）
□ 3 **タン**的に表現する。（　　）
（**ア** 端　**イ** 丹　**ウ** 嘆　**エ** 淡　**オ** 担）

□ 4 市**ハン**されている薬を買う。（　　）
□ 5 **ハン**雑な案件を片づける。（　　）
□ 6 絵画を展示会場に**ハン**入する。（　　）
（**ア** 般　**イ** 繁　**ウ** 販　**エ** 版　**オ** 搬）

□ 7 **シン**食を忘れて病人の看護にあたる。（　　）
□ 8 あの打者は不**シン**を抜け出した。（　　）
□ 9 外国からの**シン**攻を防ぐ。（　　）
（**ア** 寝　**イ** 慎　**ウ** 侵　**エ** 振　**オ** 浸）

□ 10 根**キョ**のない主張を繰り返す。（　　）
□ 11 苦労の末に**キョ**万の富を手に入れた。（　　）
□ 12 数十年ぶりの快**キョ**にわいた。（　　）
（**ア** 許　**イ** 拠　**ウ** 挙　**エ** 距　**オ** 巨）

□ 13 魚は一日たつと新**セン**さが失われる。（　　）
□ 14 一つの企業が市場を独**セン**する。（　　）
□ 15 湯上がりに**セン**風機を回す。（　　）
（**ア** 洗　**イ** 鮮　**ウ** 占　**エ** 宣　**オ** 扇）

□ 16 海外に遠**セイ**して試合をする。（　　）
□ 17 勤め先では旧**セイ**を使用する。（　　）
□ 18 パーティーが**セイ**会のうちに終わる。（　　）
（**ア** 盛　**イ** 征　**ウ** 成　**エ** 制　**オ** 姓）

□ 19 失敗のないよう念を**オ**す。（　　）
□ 20 小さな子を背に**オ**う。（　　）
□ 21 状況から**オ**すと犯人のねらいは金だ。（　　）
（**ア** 折　**イ** 推　**ウ** 押　**エ** 負　**オ** 追）

# 部首

◆次の漢字の**部首**を**ア〜エ**から**一つ**選び、**記号**を記せ。

解答➡別冊P.10

合格点 14/19　得点 /19

□1 蓄（**ア** 艹　**イ** 亠　**ウ** 玄　**エ** 田）（　）

□2 脚（**ア** 月　**イ** 土　**ウ** 厶　**エ** 卩）（　）

□3 誉（**ア** ⺍　**イ** 一　**ウ** 八　**エ** 言）（　）

□4 釈（**ア** 禾　**イ** 米　**ウ** 尸　**エ** 釆）（　）

□5 壱（**ア** 士　**イ** 冖　**ウ** ノ　**エ** 匕）（　）

□6 威（**ア** 厂　**イ** 女　**ウ** 戈　**エ** 丶）（　）

□7 我（**ア** ノ　**イ** 一　**ウ** 扌　**エ** 戈）（　）

□8 離（**ア** 亠　**イ** 厶　**ウ** 冂　**エ** 隹）（　）

□9 敷（**ア** 田　**イ** 丶　**ウ** 方　**エ** 攵）（　）

□10 曇（**ア** 日　**イ** ⻗　**ウ** 二　**エ** 厶）（　）

□11 歓（**ア** ノ　**イ** 隹　**ウ** 欠　**エ** 人）（　）

□12 歳（**ア** 止　**イ** 厂　**ウ** 示　**エ** 戈）（　）

□13 煮（**ア** 土　**イ** 耂　**ウ** 日　**エ** 灬）（　）

□14 盾（**ア** ノ　**イ** 厂　**ウ** 十　**エ** 目）（　）

□15 趣（**ア** 土　**イ** 走　**ウ** 耳　**エ** 又）（　）

□16 衛（**ア** 彳　**イ** 口　**ウ** 二　**エ** 行）（　）

□17 薪（**ア** 木　**イ** 斤　**ウ** 艹　**エ** 立）（　）

□18 秀（**ア** ノ　**イ** 十　**ウ** 木　**エ** 禾）（　）

□19 隷（**ア** 士　**イ** 示　**ウ** 隶　**エ** 氺）（　）

# 対義語・類義語 五

◆後の□内のひらがなを漢字に直して（　）に入れ、**対義語・類義語**を作れ。□内のひらがなは一度だけ使い、（　）に**一字記入**せよ。

解答➡別冊 P.11

| 合格点 | 得点 |
| --- | --- |
| 17/24 | /24 |

**対義語**

□ 1 一致―（　）違

□ 2 凶作―（　）作

□ 3 歓声―悲（　）

□ 4 損失―利（　）

□ 5 不和―円（　）

**類義語**

□ 6 用心―（　）戒

□ 7 結束―（　）結

□ 8 地道―（　）実

□ 9 反撃―（　）襲

□ 10 冒頭―（　）初

えき・ぎゃく・けい・けん・さい・そう・だん・ほう・まん・めい

**対義語**

□ 11 誕生―（　）眠

□ 12 強固―薄（　）

□ 13 航行―（　）泊

□ 14 猛暑―（　）寒

□ 15 例外―原（　）

□ 16 在宅―（　）守

□ 17 進撃―退（　）

**類義語**

□ 18 同等―（　）敵

□ 19 健康―丈（　）

□ 20 閉口―（　）惑

□ 21 沈着―（　）静

□ 22 使命―責（　）

□ 23 堤防―（　）手

□ 24 風刺―皮（　）

えい・きゃく・げん・こん・じゃく・そく・てい・ど・にく・ひっ・ぶ・む・る・れい

# 送りがな

◆次の――線のカタカナを**漢字一字と送りがな（ひらがな）**に直せ。

解答➡別冊 P.11

| 合格点 | 得点 |
| --- | --- |
| 17/23 | /23 |

□ 1 記者会見の場を**モウケル**。（　　）

□ 2 仏だんに花を**ソナエル**。（　　）

□ 3 一人で十分用が**タリル**。（　　）

□ 4 彼は**スグレ**たがんの研究者である。（　　）

□ 5 読みたかった本を**カリル**。（　　）

□ 6 舞台で**カロヤカニ**踊る。（　　）

□ 7 季節がどんどん**スギル**。（　　）

□ 8 友人に手紙で**アヤマル**。（　　）

□ 9 心が幸福に**ミチル**。（　　）

□ 10 言動に配慮が**カケル**。（　　）

□ 11 ハチが花に**ムラガッ**ている。（　　）

□ 12 年輩の人を心から**ウヤマウ**。（　　）

□ 13 彼に対する認識を**アラタメル**。（　　）

□ 14 寺の本尊を**オガム**。（　　）

□ 15 恥ずかしくて、ほおが赤みを**オビル**。（　　）

□ 16 偉人の伝記に**モトヅク**映画を作る。（　　）

□ 17 歩きながら上体を**ソラス**。（　　）

□ 18 先制点を入れて**イキオイ**づく。（　　）

□ 19 兵隊を**ヒキイ**て進んだ。（　　）

□ 20 友人の結婚を**イワウ**。（　　）

□ 21 別の食品で栄養素を**オギナウ**。（　　）

□ 22 **コマカイ**事にこだわる性格だ。（　　）

□ 23 大通りに新しい店を**カマエル**。（　　）

# 四字熟語

◆文中の四字熟語の——線のカタカナを漢字に直し、一字記入せよ。

解答➡ 別冊 P.11

| 合格点 | 得点 |
|---|---|
| 17/23 | /23 |

□ 1 **七ナン八苦**を逃れるよう願う。（　）

□ 2 **五リ霧中**で方針が立たない。（　）

□ 3 **明キョウ止水**の心境にある。（　）

□ 4 **面従フク背**で上司に接する。（　）

□ 5 春の夜は**一コク千金**だ。（　）

□ 6 **用意シュウ到**に登山の準備をする。（　）

□ 7 課題に**一心不ラン**に取り組む。（　）

□ 8 物事には**起承テン結**がある。（　）

□ 9 お守りを**ゴ生大事**につけている。（　）

□ 10 攻撃の**大義名ブン**が立たない。（　）

□ 11 **単トウ直入**に質問する。（　）

□ 12 **前途有ボウ**な若者が多い。（　）

□ 13 **電光石カ**の早業と評判だ。（　）

□ 14 毎日を**無病息サイ**に暮らす。（　）

□ 15 車を**無理算ダン**して買う。（　）

□ 16 その制度は**有名無ジツ**だ。（　）

□ 17 **ダン論風発**して活発な会になる。（　）

□ 18 **人跡ミ踏**の地に向けて出発する。（　）

□ 19 **容シ端麗**でうらやましい。（　）

□ 20 五年ぶりに**青天ハク日**の身となる。（　）

□ 21 **奇ソウ天外**なアイデアに笑った。（　）

□ 22 そんな考えは**言語道ダン**だ。（　）

□ 23 **天変地イ**が各国で起きている。（　）

# 誤字訂正

◆次の各文にまちがって使われている**同じ読みの漢字**が**一字**ある。**上の（　）に**誤字を、**下の［　］に正しい漢字**を記せ。

解答➡別冊P.12

| 合格点 | 得点 |
| --- | --- |
| 10/14 | /14 |

□ 1 国内の需要を拡大するためには工場の接備投資をすべきだと力説する。（　　）［　　］

□ 2 大雨による増水で堤防が決壊し、川の下流にある集落に大きな疲害を与えた。（　　）［　　］

□ 3 事故によって交通機幹が不通になり、帰宅できず近くのホテルに一泊した。（　　）［　　］

□ 4 新しく補強した選手の成績が振るわず、チームは下位に低盟している。（　　）［　　］

□ 5 職業訓連を受けて技術を高めることで、新たな仕事につく機会が広がる。（　　）［　　］

□ 6 農家で丹精込めて作られた色鮮やかな野彩が八百屋の店頭に並んでいる。（　　）［　　］

□ 7 一度組織内で決定された事は、どれ程不備があっても容為には変更できない。（　　）［　　］

□ 8 どんな環境にも適往する能力で、人類は地球の各所での生活を成功させた。（　　）［　　］

□ 9 食事を制限して運動もしているが、効果が出ず体脂肪は殖える一方だ。（　　）［　　］

□ 10 宝石のように高貨な物は、盗まれぬよう夜間は店舗の奥にある金庫に入れる。（　　）［　　］

□ 11 日本の伝統的な文化材を、損傷や破壊から守る活動が全国で行われている。（　　）［　　］

□ 12 主役が当場したのは誕生日のパーティーが終盤を迎えたころだった。（　　）［　　］

□ 13 全委員で討議して資源ごみ回集の日程を調整することに決定した。（　　）［　　］

□ 14 情報技術の進歩が速すぎて法律の回定が追いつかないことが問題だ。（　　）［　　］

# 模《も》擬《ぎ》試験①

解答➡
別冊P.13

制限時間 60分

合格点 140/200

得点 /200

**1** 次の——線の**漢字の読み**を**ひらがな**で記せ。

各1点 /30

1 整理の仕方を別途考え直す。（　　）
2 見事にトップの座を獲得する。（　　）
3 消費者の需要を満たす商品。（　　）
4 室内装飾の仕事を始める。（　　）
5 最近は就寝時刻が遅い。（　　）
6 君の話には脈絡がない。（　　）
7 恒久の平和を願う。（　　）
8 幅とびは跳躍力が重要だ。（　　）
9 含蓄のある言葉をかみしめる。（　　）
10 新製品が市場に浸透する。（　　）
11 ニュースで事故を実況している。（　　）
12 これを機縁にこの先もよろしく。（　　）

**2** 次の——線の**カタカナ**にあてはまる漢字をそれぞれの**ア～オ**から**一つ**選び、**記号**を記せ。

各2点 /30

1 日本舞**ヨウ**を習っている。（　　）
2 コンクールで童**ヨウ**を歌った。（　　）
3 金のかたまりを**ヨウ**解して板状にする。（　　）
（**ア** 踊　**イ** 溶　**ウ** 幼　**エ** 養　**オ** 謡）

4 九州は朝六時前後に暴風雨**ケン**に入る。（　　）
5 最後まで考えを**ケン**持する。（　　）
6 会社に人材を派**ケン**する。（　　）
（**ア** 剣　**イ** 堅　**ウ** 検　**エ** 圏　**オ** 遣）

7 大雨が各地で猛**イ**を振るう。（　　）
8 この発表は昨年の資料に**イ**拠する。（　　）
9 事の経**イ**を詳しく述べる。（　　）
（**ア** 依　**イ** 威　**ウ** 緯　**エ** 維　**オ** 違）

13 ネズミがたくさん**繁殖**した。（　　）
14 **退屈**しのぎに街で遊ぶ。（　　）
15 努力を**継続**することが大事だ。（　　）
16 工場は電力が足りず**休眠**している。（　　）
17 日焼けして**皮膚**が赤くなる。（　　）
18 夜中の**静寂**を破る車のエンジン音。（　　）
19 **偉容**を誇るビルを建築する。（　　）
20 山の中でクマに**襲**われたそうだ。（　　）
21 南の海では色**鮮**やかな魚が泳ぐ。（　　）
22 トラを太い**鎖**につないでおく。（　　）
23 タカは**鋭**い動きで獲物を捕る。（　　）
24 今日の料理は味付けが**濃**い。（　　）
25 暗い道を**避**けてホテルに帰る。（　　）
26 **暦**の上ではもう春だ。（　　）
27 バスを使って観光地を**巡**った。（　　）
28 内戦から**逃**れるために国を出る。（　　）
29 **米粒**を一つも残さず食べる。（　　）
30 明日からの旅の**支度**で忙しい。（　　）

10 良書を作るため**ジン**力する。（　　）
11 敵の**ジン**地を取るゲームをする。（　　）
12 血圧の数値が**ジン**常でなく高い。（　　）
（**ア** 臣　**イ** 仁　**ウ** 尋　**エ** 陣　**オ** 尽）

13 ハチに右腕を**サ**された。（　　）
14 時計の針が十二時を**サ**す。（　　）
15 ゆり起こされて夢から**サ**める。（　　）
（**ア** 指　**イ** 割　**ウ** 刺　**エ** 覚　**オ** 去）

**3** 1～5の三つの□に**共通する漢字**を入れて熟語を作れ。漢字は**ア～コ**から**一つ**選び、**記号**を記せ。

各2点　／10

1 □軍・□助・□護（　　）
2 □致・□端・至□（　　）
3 □礼・□約・未□（　　）
4 暗□・□秘・□殺（　　）
5 □走・低□・□子（　　）

**ア** 倒　**イ** 猛　**ウ** 援　**エ** 英　**オ** 迷
**カ** 競　**キ** 婚　**ク** 雲　**ケ** 極　**コ** 黙

## 4

**熟語の構成**のしかたには次のようなものがある。

各2点 ／20

**ア** 同じような意味の漢字を重ねたもの……………（岩石）
**イ** 反対または対応の意味を表す字を重ねたもの……（高低）
**ウ** 上の字が下の字を修飾しているもの……………（洋画）
**エ** 下の字が上の字の目的語・補語になっているもの…（着席）
**オ** 上の字が下の字の意味を打ち消しているもの……（非常）

次の熟語は右の**ア～オ**のどれにあたるか、**一つ**選び、**記号**を記せ。

1 功罪（　　）
2 乾季（　　）
3 雌雄（　　）
4 劣悪（　　）
5 因果（　　）
6 賞罰（　　）
7 出荷（　　）
8 不問（　　）
9 調髪（　　）
10 配慮（　　）

## 6

後の［　］内のひらがなを漢字に直して（　）に入れ、**対義語・類義語**を作れ。［　］内のひらがなは一度だけ使い、（　）に**一字記入**せよ。

各2点 ／20

**対義語**

1 加熱—（　）却
2 濁流—（　）流
3 希薄—濃（　）
4 警戒—（　）断
5 兼業—（　）業

**類義語**

6 本気—（　）剣
7 釈明—（　）解
8 周到—入（　）
9 名誉—（　）光
10 熱狂—興（　）

**5** 次の漢字の**部首**を**ア〜エ**から**一つ**選び、**記号**を記せ。

各1点 ／10

1 戯（**ア** 虍 **イ** 弋 **ウ** 戈 **エ** 丶）（　　）

2 勧（**ア** ノ **イ** 二 **ウ** 隹 **エ** 力）（　　）

3 剤（**ア** 斉 **イ** 刂 **ウ** 亠 **エ** 文）（　　）

4 尾（**ア** 尸 **イ** 厂 **ウ** 毛 **エ** し）（　　）

5 床（**ア** 亠 **イ** 广 **ウ** 十 **エ** 木）（　　）

6 烈（**ア** 歹 **イ** 刂 **ウ** 列 **エ** 灬）（　　）

7 翌（**ア** 习 **イ** 羽 **ウ** 亠 **エ** 立）（　　）

8 玄（**ア** 亠 **イ** 幺 **ウ** 玄 **エ** ム）（　　）

9 載（**ア** 土 **イ** 弋 **ウ** 戈 **エ** 車）（　　）

10 雌（**ア** 止 **イ** ヒ **ウ** 此 **エ** 隹）（　　）

えい・しん・せい・せん・ねん・ふん・べん・みつ・ゆ・れい

**7** 次の――線の**カタカナ**を**漢字一字**と**送りがな（ひらがな）**に直せ。

各2点 ／10

㊀ 問題に**コタエル**。（答える）

1 高僧が経文を**トナエル**。（　　）

2 非常時に**ソナエル**。（　　）

3 **ユタカナ**自然に囲まれて暮らす。（　　）

4 二つの直線が垂直に**マジワル**。（　　）

5 見知らぬ人の前では口を**トザス**。（　　）

## 8 文中の**四字熟語**の――線の**カタカナ**を**漢字**に直し、**一字記入**せよ。

各2点　／20

1 **薄リ多売**でもうけているスーパー。（　　）

2 不景気で会社は**アオ息吐息**だ。（　　）

3 それは**驚テン動地**の事件だ。（　　）

4 **抱フク絶倒**のドラマを楽しむ。（　　）

5 政党は**離合集サン**が常だ。（　　）

6 **起死カイ生**の逆転打を放つ。（　　）

7 その商品は前の物と**同エイ曲**だ。（　　）

8 二人は一瞬で**意気トウ合**した。（　　）

9 **悪事千リ**を走ると言われる。（　　）

10 **心機一テン**して学業にはげむ。（　　）

---

## 10 次の――線の**カタカナ**を**漢字**に直せ。

各2点　／40

1 天体望遠鏡で**ワクセイ**を観察する。（　　）

2 悪者をこらしめる**ツウカイ**な物語。（　　）

3 駅前の再開発は**キボ**が大きい。（　　）

4 犯罪を未然に**ボウシ**する。（　　）

5 彼は学生の時から**キンベン**だった。（　　）

6 犯人から**キガイ**は受けなかった。（　　）

7 病気の祖母の**アンピ**を気づかう。（　　）

8 彼女には命令する**ケンゲン**はない。（　　）

9 **コンザツ**している道を避けて行く。（　　）

## 9

次の各文にまちがって使われている**同じ読みの漢字**が**一字**ある。**上の（　）に誤字**を、**下の［　］に正しい漢字**を記せ。

各2点　／10

1 彼は親の希待通りに医者の道を志し、難関大学の医学部に合格した。（　）［　］

2 その食堂は害虫の駆助に取り組み、衛生面の問題は完全に処理された。（　）［　］

3 所属不明の船が自国の量域に侵入したため、政府は対応に追われている。（　）［　］

4 バーゲン品の特接会場には連日大勢の買い物客が押しかけ、大変な人込みだ。（　）［　］

5 飛散した物質が人体に及ぼす影響について調査した結果を点示する。（　）［　］

---

10 **フルス**での経験が彼の強みだ。（　）

11 ここはひとつお**テナ**み拝見。（　）

12 少女の目に涙が**ウ**かんだ。（　）

13 まっすぐ**セスジ**をのばして歩く。（　）

14 父に誉められて兄は**テ**れていた。（　）

15 大皿に料理を**モ**り付ける。（　）

16 人生の**フシメ**で決意を固める。（　）

17 まるで何かに**ミチビ**かれたようだ。（　）

18 父が死んだ時、妹は**チノ**み子だった。（　）

19 強盗犯の**ユクエ**はつかめない。（　）

20 姉は二十年前の母に**ニ**てきた。（　）

# 模《も》擬《ぎ》試験②

解答➡別冊P.15

制限時間 60分

合格点 140/200

得点 /200

## 1

次の——線の**漢字の読み**を**ひらがな**で記せ。

各1点 /30

1 業者がアリを**駆除**する。（　）

2 近所に**迷惑**をかけないよう暮らす。（　）

3 **隠居**をするには早すぎる。（　）

4 **寸暇**をおしみ練習にはげむ。（　）

5 会の設立**趣旨**を説明する。（　）

6 光が**屈折**して水中に届く。（　）

7 常に**優雅**さを意識したふるまい。（　）

8 国語の教科書を**黙読**する。（　）

9 **積載**量四トンのトラック。（　）

10 サッカー界で**英雄**視される選手。（　）

11 社会の**規範**を守って生活する。（　）

12 経過を**誇張**せず正しく報告する。（　）

## 2

次の——線の**カタカナ**にあてはまる漢字をそれぞれの**ア～オ**から**一つ**選び、**記号**を記せ。

各2点 /30

1 四六時中行動を**カン**視される。（　）

2 大衆が**カン**呼の声を上げる。（　）

3 パーティーは**カン**杯から始まった。（　）

（**ア** 乾　**イ** 歓　**ウ** 鑑　**エ** 監　**オ** 環）

4 ご足労を**キョウ**縮に存じます。（　）

5 台風が多く今年は**キョウ**作だ。（　）

6 先生に近**キョウ**を知らせる。（　）

（**ア** 叫　**イ** 況　**ウ** 凶　**エ** 響　**オ** 恐）

7 古典作品の**ボウ**頭を暗記する。（　）

8 父は仕事に**ボウ**殺されている。（　）

9 友人の難儀を**ボウ**観する。（　）

（**ア** 忙　**イ** 帽　**ウ** 冒　**エ** 亡　**オ** 傍）

13 **軽薄**にもほどがある。（　）

14 街は不法侵入者に**苦慮**している。（　）

15 **敏速**な対応をして喜ばれた。（　）

16 暑さで倒れた祖母を**介抱**する。（　）

17 短期間で終えるとは大した**手腕**だ。（　）

18 台風が各地で**猛威**をふるった。（　）

19 この絵はやや**迫力**に欠けている。（　）

20 入学以来**皆勤**を通す。（　）

21 遊ぶ人のいない公園は**寂**しい。（　）

22 雨の降る日は客足が**鈍**い。（　）

23 **柄**の部分が細すぎて使えない。（　）

24 歌の名人の**誉**れが高い。（　）

25 毎朝インコにえさを**与**える。（　）

26 不当な言いがかりだと**訴**えた。（　）

27 姉に**劣**らず弟も努力家である。（　）

28 試合のために体力を**蓄**えておく。（　）

29 遠くに高い**峰**が連なって見える。（　）

30 外が**騒**がしいのはいつものことだ。（　）

---

10 従来のやり方を**トウ**襲する。（　）

11 **トウ**突な出来事にも動じない。（　）

12 たった一人で敵と奮**トウ**する。（　）

（**ア** 統　**イ** 踏　**ウ** 闘　**エ** 唐　**オ** 倒）

13 問題が解決して大きく息を**ハ**く。（　）

14 水が勢いよく**ハ**ね返った。（　）

15 **ハ**ずかしさに顔を赤らめる。（　）

（**ア** 跳　**イ** 映　**ウ** 晴　**エ** 恥　**オ** 吐）

## 3

1～5の三つの□に**共通する漢字**を入れて熟語を作れ。漢字は**ア～コ**から**一つ**選び、**記号**を記せ。

各2点　／10

1 □舞・太□・□動（　）

2 活□・□進・□起（　）

3 □妙・機□・□動（　）

4 □明・新□・□度（　）

5 □頼・□拠・□存（　）

**ア** 微　**イ** 奇　**ウ** 依　**エ** 永　**オ** 躍
**カ** 判　**キ** 鮮　**ク** 演　**ケ** 鼓　**コ** 踊

## 4

**熟語の構成**のしかたには次のようなものがある。

各2点　/20

ア　同じような意味の漢字を重ねたもの……………（岩石）
イ　反対または対応の意味を表す字を重ねたもの……（高低）
ウ　上の字が下の字を修飾しているもの……………（洋画）
エ　下の字が上の字の目的語・補語になっているもの…（着席）
オ　上の字が下の字の意味を打ち消しているもの……（非常）

次の熟語は右の**ア〜オ**のどれにあたるか、**一つ**選び、**記号**を記せ。

1　栄枯（　　）
2　浮沈（　　）
3　皮膚（　　）
4　傍線（　　）
5　不振（　　）
6　恩恵（　　）
7　捕球（　　）
8　師弟（　　）
9　即答（　　）
10　執筆（　　）

---

## 6

後の□内のひらがなを漢字に直して（　）に入れ、**対義語・類義語**を作れ。□内のひらがなは一度だけ使い、（　）に**一字記入**せよ。

各2点　/20

**対義語**

1　脱退―加（　　）
2　繁雑―簡（　　）
3　起床―（　　）寝
4　被告―（　　）告
5　大要―詳（　　）

**類義語**

6　及第―合（　　）
7　用心―（　　）戒
8　備蓄―貯（　　）
9　守備―（　　）御
10　加勢―（　　）援

**5** 次の漢字の**部首**を**ア～エ**から**一つ**選び、**記号**を記せ。

各1点　／10

1 畳（**ア** 田　**イ** 冖　**ウ** 目　**エ** 一）（　）

2 傾（**ア** 亻　**イ** ヒ　**ウ** 頁　**エ** 貝）（　）

3 更（**ア** 人　**イ** 一　**ウ** ノ　**エ** 日）（　）

4 響（**ア** 日　**イ** 幺　**ウ** 阝　**エ** 音）（　）

5 幾（**ア** 幺　**イ** 戈　**ウ** 人　**エ** 丶）（　）

6 影（**ア** 日　**イ** 亠　**ウ** 口　**エ** 彡）（　）

7 慮（**ア** 广　**イ** 虍　**ウ** 田　**エ** 心）（　）

8 圏（**ア** 大　**イ** 囗　**ウ** 人　**エ** 己）（　）

9 豪（**ア** 亠　**イ** 口　**ウ** 冖　**エ** 豕）（　）

10 含（**ア** ノ　**イ** 人　**ウ** 一　**エ** 口）（　）

---

おう・かく・けい・げん・さい・しゅう・ぞう・ぼう・めい・りゃく

**7** 次の――線の**カタカナ**を**漢字一字**と**送りがな（ひらがな）**に直せ。

各2点　／10

㊙例　問題に**コタエル**。（答える）

1 期日までの完成を**アヤブム**。（　）

2 姉は昨年二人目の子を**サズカッ**た。（　）

3 息子のいたずらにあきれ**ハテル**。（　）

4 努力して今の地位を**キズイ**た。（　）

5 りんごが坂道を**コロガル**。（　）

7日目

## 8

文中の**四字熟語**の――線の**カタカナ**を**漢字**に直し、**一字記入**せよ。

各2点　／20

1 米の**ホウ年満作**を祝う。（　　）

2 **面従フク背**という人もいる。（　　）

3 宝くじの当選に**狂喜ラン舞**する。（　　）

4 先生の教えを**キン科玉条**とする。（　　）

5 大会で**ゼン人未到**のタイムが出た。（　　）

6 私の信条は**信賞ヒツ罰**だ。（　　）

7 行政改革を**一トウ両断**に行う。（　　）

8 **ウ為転変**は世の習いだ。（　　）

9 少しの**創意工フウ**で便利になる。（　　）

10 自分は**大キ晩成**だと信じている。（　　）

## 10

次の――線の**カタカナ**を**漢字**に直せ。

各2点　／40

1 二つの町の関わりは**ミッセツ**だ。（　　）

2 栄養豊富な**ゲンマイ**を食べる。（　　）

3 大学で研究に**センネン**する。（　　）

4 ここで死ぬなら**ホンモウ**だ。（　　）

5 図書館で資料を**シュウシュウ**する。（　　）

6 姉妹都市を**ホウモン**する。（　　）

7 彼は一年で社長を**ジニン**した。（　　）

8 **ハッテン**が途上の国で働く。（　　）

9 寺の**ケイダイ**の桜が満開だ。（　　）